T0112965

ERES GENIAL
con Ji-Young

Un libro sobre la autoconfianza

Katherine Lewis

ediciones Lerner ◆ Mineápolis

La misión de Sesame Street siempre ha sido enseñarles a los niños mucho más que solo el abecedario y los números. Esta serie de libros que promueven rasgos de la personalidad positivos como la conciencia plena, la gratitud, la autoconfianza y la responsabilidad ayudarán a los niños a crecer y convertirse en la mejor versión de ellos mismos. Por eso acompaña a tus amigos divertidos y peludos de Sesame Street mientras aprenden a ser más inteligentes, más fuertes y más amables y le enseñan a serlo a todo el mundo.

Saludos. Los editores de Sesame Street

CONTENIDO

¿Qué es la autoconfianza?

La autoconfianza significa que crees que puedes hacer algo.

La autoconfianza significa que te sientes bien con quien eres.

¡Soy feliz de ser yo misma!

Tener autoconfianza

Cuando tienes confianza, te entusiasma probar cosas nuevas, como hacer volar una cometa o practicar un deporte nuevo.

¿Qué cosas nuevas te entusiasma probar?

Algunas veces es difícil probar cosas nuevas.

Aprender a atarme los cordones fue difícil, ¡pero sabía que podía hacerlo!

Pero es más fácil cuando crees que puedes hacerlo.

No siempre sentimos confianza, y eso está bien.

¡Mañana es un nuevo día!

Podemos intentarlo de nuevo mañana.

Piensa en un momento en el que sentiste confianza.

¿Cómo se sintió?

Quizás pintaste un dibujo o entablaste una amistad nueva.

Tenemos más confianza cuando cuidamos de nosotros mismos y de los demás.

¿Cómo te cuidas a ti mismo y cuidas a los demás?

Es importante ser buenos con nosotros mismos. Esto significa que nos tratamos con amabilidad y respeto.

Me digo a mí misma que soy inteligente, fuerte y amable.

Cuidamos nuestros cuerpos y nos decimos cosas lindas.

Tienes autoconfianza cuando crees en ti mismo. Puede ayudarte a conocer amigos nuevos, ayudar a otros y probar cosas nuevas.

¡Creemos en TI!

¡SER UN AMIGO!

¡Crea autoconfianza con un intercambio de halagos! Cuéntale a un amigo o amiga tres cosas que hace que te hacen reír. Luego haz que te cuente tres cosas que haces tú que le hacen feliz también.

Glosario

amabilidad: ser atento y afectuoso

confianza: sentirse bien con uno mismo

creer: saber que algo es verdad

respeto: que trata a las personas de una manera que las hace sentirse cuidadas e importantes

Otros títulos

Colella, Jill. *Sigue intentándolo con Abby: Un libro sobre la persistencia*. Mineápolis: ediciones Lerner, 2024.

Finne, Stephanie. *I Feel Confident*. Mineápolis: Jump!, 2021.

Snow, Todd. *Confidence Is in You*. Hopkins, MN: Maren Green, 2021.

Índice

Créditos por las fotografías

Créditos de las imágenes: FatCamera/E+/Getty Images, pp. 4, 20; Jose Luis Pelaez Inc/DigitalVision/Getty Images, pp. 5, 11; Rawpixel.com/Shutterstock, p. 6; monkeybusinessimages/Getty Images, pp. 7, 18; Ariel Skelley/The Image Bank/Getty Images, p. 8; kali9/E+/Getty Images, pp. 9, 14; Betsie van der Meer/Getty Images; MoMo Productions/Getty Images, p. 12; MoMo Productions/Getty Images, p. 13; Sam Edwards/Stone/Getty Images, p. 15; fizkes/Shutterstock, p. 16; Ariel Skelley/Digital Vision/Getty Images, p. 19.

Traducción al español: ® and © 2025 Sesame Workshop. Todos los derechos reservados.
Título original: *You Rock with Ji-Young: A Book about Self-Confidence*
Texto: ® and © 2024 Sesame Workshop. Todos los derechos reservados.
La traducción al español fue realizada por Zab Translation.

Todos los derechos reservados. Protegido por las leyes internacionales de derecho de autor. Se prohíbe la reproducción, el almacenamiento en sistemas de recuperación de información y la transmisión de este libro, ya sea de manera total o parcial, por cualquier medio o procedimiento, ya sea electrónico, mecánico, de fotocopiado, de grabación o de otro tipo, sin la previa autorización por escrito de Lerner Publishing Group, Inc., exceptuando la inclusión de citas breves en una reseña con reconocimiento de la fuente.

ediciones Lerner
Una división de Lerner Publishing Group, Inc.
241 First Avenue North
Mineápolis, MN 55401, EE. UU.

Si desea averiguar acerca de niveles de lectura y para obtener más información, favor consultar este título en www.lernerbooks.com.

Fuente del texto del cuerpo principal: Billy Infant. Fuente proporcionada por SparkyType.

Library of Congress Cataloging-in-Publication Data

Names: Lewis, Katherine, 1996-author.
Title: Eres genial con Ji-Young : un libro sobre la autoconfianza / Katherine Lewis.
Other titles: You rock with Ji-Young. Spanish
Description: Mineápolis : Ediciones Lerner, 2024. | Series: Guías de personajes de Sesame Street ® en Español | Includes bibliographical references and index. | Audience: Ages 4-8 | Audience: Grades K-1 | Summary: "Learn about self-confidence with help from Ji-Young and friends from Sesame Street. Young readers will discover how to believe in themselves and feel confident. Now in Spanish!"— Provided by publisher.
Identifiers: LCCN 2023054617 (print) | LCCN 2023054618 (ebook) | ISBN 9798765623909 (library binding) | ISBN 9798765627907 (paperback) | ISBN 9798765630822 (epub)
Subjects: LCSH: Self-confidence—Juvenile literature. | Self-confidence in children—Juvenile literature.
Classification: LCC BF575.S39 L3918 [2025] (print) | LCC BF575.S39 (ebook) | DDC 158.1—dc23/eng/20240104

LC record available at https://lccn.loc.gov/2023054617
LC ebook record available at https://lccn.loc.gov/2023054618

Fabricado en los Estados Unidos de América
1-1010119-51840-12/5/2023